ZwergenMusik

Wachsen mit Musik

Musikalische Spiele für den Unterricht mit Eltern
und Kindern von achtzehn Monaten bis drei Jahren

Familienbuch

von
Daniela Amann • Ingrid Engel • Anette Maniscalco • Susanne Röthke • Karina Telle

mit Illustrationen von Helga Dickmann-Kloss

Gustav Bosse Verlag
Kassel

Vorbemerkung

Liebe Eltern und all diejenigen, die einen Eltern-Kind-Kurs mit anderthalb-, zwei- oder dreijährigen Kindern besuchen,

dieses Buch soll Ihnen Anleitung, kleines Nachschlagewerk und Gedächtnisstütze für das musikalische Tun mit Ihren Kleinen sein.

Die Lieder, Verse und Spiele, die der Lehrer im Unterricht verwendet, finden Sie in diesem Buch. Hier sind sie thematisch geordnet und für die Kinder mit farbigen Illustrationen versehen als Orientierungs- und Assoziationshilfe. Dies bildet den mittleren, den Hauptteil dieses Buches.

Mit den vorangestellten kurzen und informativen Beiträgen können Sie sich schnell über die wichtigsten Merkmale dieser Unterrichtsform informieren.

Im Anschluss an den Materialteil finden Sie Antworten auf eine Reihe von Fragen, die vielleicht erst während des laufenden Kurses oder sogar nach Kursende auftauchen.

Wir möchten uns an dieser Stelle bei den Musikverlagen für die gute Zusammenarbeit bedanken. Trotz umfangreicher Recherchen ist es uns nicht in allen Fällen gelungen, die Rechtsverhältnisse einzelner Titel zu klären. Für Hinweise auf die Inhaber der Text- und Musikrechte sind wir dankbar.

Die Texte in diesem Werk sind nach den neuen amtlichen Rechtschreibregeln verfasst.
Lektorat: Stefan Gros, Berthold Kloss
Notensatz: Mareike Roosen
Printed in Germany · ISBN 3-7649-1341-X

Inhalt

Vorwort

Einen kostbaren Schatz gilt es zu heben, einen Schatz voller Verse, Sprachmelodien, Klänge, Rhythmen, Kinderlieder und Spiele mit Allerweltsgegenständen. Unsere Großeltern sollen ihn noch „gehört" und „gehütet" haben. Inzwischen ist er unter einer dicken Schicht von Radiogeräuschen, Fernsehberieselung, Werbekrach, kurz allgegenwärtiger (oft angeblich „kindgerechter") Fertigware aus Konserven verschwunden.

Viele junge Eltern wollen den Schatz wiederentdecken. Aber sie besinnen sich oft nur mit Mühe auf die Fingerspiele, Kinderverse, Kniereiter ihrer eigenen Kinderzeit. Mit ihren Kindern wollen sie all die kleinen Spiele spielen, Klangexperimente und Erfahrungen machen, mit der ganzen Familie das Vergnügen am kreativen Sinn und Unsinn wieder spüren.

Genauso wichtig wie die Erinnerung an Kinderverse und Gutenachtlieder ist die Besinnung auf die „Musik" um uns herum. Wie klingt der Löffel im Teller, das Tick-Tack der Uhr? Wer hört den Rhythmus der Füße, erschrickt vor dem Bellen des Hundes? Alle diese Alltagsgeräusche, von Erwachsenen selten bewusst wahrgenommen, bedeuten für die Kinder Hörereignisse, auf die sie unmittelbar reagieren und mit denen sie ausdauernd und schöpferisch spielen und experimentieren. Diesen unmittelbaren Zugang zur klingenden Umwelt gilt es so lange wie möglich offen zu halten.

Ein erstes Lernziel für die Eltern könnte dabei sein, wieder zu hören mit den Ohren der Kinder. Im gegenseitigen Geben und Nehmen wäre dann der Nährboden bereitet für ein blühendes Musikleben in der Familie.

Eltern sollten auch bereit sein, der Stille genug Raum im Familienalltag zu ermöglichen, Ruhe zuzulassen und sich selbst und den Kindern genügend Zeit für das Lauschen und die eigenen Entdeckungen einzuräumen, Zeit für das ***Wachsen mit Musik***.

Gerade weil unser Alltag so übervoll ist mit Musik und Geräusch, gerade weil wir Menschen die Ohren nicht zuklappen können, scheint es zur Entwicklung von Musikalität und für ein gesundes Wachstum der Kinder notwendiger denn je zu sein, die zarten Pflanzen, Ohren und Gemüter sorgfältig zu pflegen. Wachsen mit Musik bedeutet zunächst das Sammeln und Erkennen von akustischen Reizen, Klängen Rhythmus und geordneter Zeit, Formen und Strukturen. Die Kinder können bald Stimmen unterscheiden, Geräusche erkennen, auf musikalische Signale reagieren und bewegen sich zur Musik. Das Zuordnen von Hörbarem folgt sehr rasch, sie kennen Anfang und Ende von Liedern und Versen, unterscheiden den Klang verschiedener Materialien, verbinden Klänge mit den jeweiligen Klangquellen. Hand in Hand damit geht ein eigenes musikalisches Handeln und Gestalten. Die Kinder sprechen und bewegen sich rhythmisch, singen, tanzen, erforschen die Gegenstände ihrer Umgebung auf ihre akustischen Eigenschaften, reagieren aktiv und lustvoll auf Musik. Hören, Empfinden, Erkennen, Sammeln, Ordnen, Gestalten sind Tätigkeiten, die das Wachsen in allen Bereichen begleiten, die aber durch den direkten, unmittelbaren Einfluss von Musik besonders gefördert werden. Musizieren und mit Musik leben nützt der Entwicklung von Intelligenz und der Empfindungsfähigkeit.

Musikalische Spiele für den Unterricht mit Eltern und Kindern von achtzehn Monaten bis drei Jahren können uns dabei helfen.

Unser Büchlein ist Handreichung und Leitfaden und soll vor allem Eltern eine Hilfe für den Einstieg in diese neue Unterrichtsform bieten. Alle Materialien sind von praktizierenden Pädagoginnen erprobt und Beispiele eines unermesslichen Reichtums.

Daniela Amann · Prof. Ingrid Engel · Anette Maniscalco · Susanne Röthke · Dr. Karina Telle

Einführung

Musik bewegt den Menschen

Sie berührt Körper, Seele und Geist. Das Kind reagiert schon im frühen Stadium der Schwangerschaft auf akustische Reize und erwirbt vielfältige Wahrnehmungsmuster. Schritte, Geräusche, Stimmen und Klänge prägen das erste musikalische Erleben. Frühes Musizieren im Familienkreis weckt Neugier auf die Klangwelt. Frühe Lautäußerungen werden ganzkörperlich begleitet, spontan und lustvoll. Klang und Bewegung bilden für das Kind eine Erlebniseinheit. Musik wird zum *Lebensmittel*.

Warum mit den Eltern?

Mutter und Vater sind die ersten Spielpartner des Kindes. In der Familie erwirbt das Kind Urvertrauen und Selbstbewusstsein. Es beobachtet und imitiert seine Umgebung, es ist ein Spiegel seiner Umwelt. Der Schritt aus dem Elternhaus in eine Spielgruppe gelingt am besten an der Hand der Eltern. Die tiefe Beziehung zwischen Kind und Eltern schafft die Basis für eine soziale Anpassung des Kindes an andere Spielpartner.

Wie spielen Eltern und Kinder?

Gemeinsames Singen und Spielen macht Spaß! Die Beziehung zwischen Eltern und Kind ist intim, erst allmählich erweitert sich der Spielraum auf Raum, Materialien und andere Kinder in der Gruppe. Im Zusammenspiel mit ihren Kindern lernen die Eltern alte und neue Lieder, Verse und Geschichten kennen. Sie werden angeregt, auch im Familienalltag Musik miteinzubeziehen: Tageslauf, Jahreszeiten, Natur und Umwelt kann man musikalisch erspielen und gestalten.

Womit spielen wir?

Körper und Stimme sind unsere ersten Instrumente. Kinder sind aber auch Forscher - sie entdecken ihre Umwelt. Das Spielmaterial finden wir deshalb in Mamas Küchenschublade, in Papas Werkstatt, vor der Haustür, auf dem Spielplatz. Wir lernen auch elementare Instrumente kennen und basteln gemeinsam einfache Instrumente. Mit Bällen und Reifen, Tüchern und Seilen werden Spiel und Tanz begleitet.

Was macht der Lehrer?
Als zentrale Bezugsperson geht er sensibel und flexibel auf die Gruppe ein, lässt vor allem viel Freiraum für eigene Erfahrungen. Seine Ausstrahlung beeinflusst das Klima. Mimik, Gestik und Sprache werden der Spielsituation angepasst. Dadurch weckt der Lehrer Neugierde und Spielfreude. Er ist Spielleiter und Moderator, spricht Kinder und Eltern gleichermaßen an. Er gestaltet den Unterricht in sinnvollen kleinen Lerneinheiten, um den Spannungsbogen zu erhalten. Im Wiederholen von Bekanntem und Kennenlernen von Neuem wird Musik mit allen Sinnen erlebt - hörend, sehend, tastend, sich bewegend.

Eltern sollten wissen,

- dass der Musikunterricht nicht der Start zu einer Wunderkindkarriere ist,
- dass die Teilnahme nicht bedeutet, die Verantwortung für die Musikerziehung der Kinder an Musiklehrer zu delegieren, sondern dass sie bereit sind, selbst zu lernen und ihren eigenen Umgang mit Musik und Medien zu überdenken,
- dass alles, was in der Musikstunde geschieht, vor allem Anregung für musikalisches Tun in der Familie bedeutet,
- dass sie ihre Kinder einer neuen spannenden Situation aussetzen, der diese eigentlich in ihrer Entwicklung noch nicht gewachsen sind und für die sie einen zuverlässigen Halt brauchen, um sicher und vergnügt Freude an der Musik empfinden zu können,
- dass sich ihre eigene Einstellung auf die jeweilige Musikstunde unmittelbar auf die Kinder überträgt.

Künstlerische und pädagogische Ziele

Gemeinsam für beide Partner, Eltern und Kinder:

- Spaß am Musik hören und Musik machen
- sensibilisieren der Wahrnehmung (z.B. genaues Hinhören, Beobachten, Spüren)
- fördern von Spontaneität, Flexibilität und Phantasie
- erweitern des individuellen Bewegungsrepertoires und der eigenen Ausdrucksmöglichkeiten
- vermitteln erster Spieltechniken auf elementaren Musikinstrumenten
- erwerben eines Repertoires aus Liedern, Versen, Spielen und Tänzen

Für die Kinder sind darüber hinaus wichtige Ziele:

- Förderung der Sprachentwicklung
- Entwicklung der Fein- und Grobmotorik
- Erfahrung erster sozialer Kontakte zu Gleichaltrigen und deren Eltern

Auch für die Eltern gibt es einige weitere Ziele:

- Erwerb von Qualitätskriterien bei der Auswahl musikalischen Materials
- Kenntnisse über musikalische Spielmöglichkeiten mit den Kindern
- Ermunterung zu musikalischer Kreativität
- Gelegenheit zu sozialen Kontakten zu anderen Familien

Gespräch mit den Eltern vor Beginn des Unterrichts

Nicht nur die Kinder, auch die Eltern sind Neulinge in der Musikschule. Es ist deshalb sehr wichtig, dass sie die Musikschule kennen lernen und sich über die Ziele und die Gestaltung des ersten Musikunterrichts für Mutter und Kind orientieren können. Die Lehrer führen die Eltern vor Beginn des Musikunterrichts in einem Elterngespräch in die Inhalte und den Ablauf des Unterrichts ein. Dabei werden ebenso die pädagogischen Besonderheiten im Umgang mit den noch sehr jungen Kindern, wie die Beziehungsebene zwischen Kind, Eltern und Lehrer angesprochen.

Zunächst sind ja die Eltern die Ansprechpartner. Sie melden sich mit ihren Kindern bei der Musikschule an. Mit der gemeinsamen Anmeldung werden sie selbst wieder zu Schülern. Sie wollen selbst lernen. Zwei Lernfelder sind für die Eltern und die Lehrer dabei zu unterscheiden:

Das eine sind musikalische Inhalte, das andere das Musizieren mit den Kindern. Für die Eltern ist es erstmal notwendig, den musikalischen Stoff sicher zu beherrschen. Sie müssen die Lieder singen, die Verse sprechen, die Spiele spielen können – möglichst auswendig. Es reicht nicht, ihnen Texte und Noten in die Hand zu drücken. Die Lehrer werden also mit den Eltern (und den Kindern) viel wiederholen und üben, ihnen auch Hilfen zum eigenen Lernen geben.

Genauso wichtig wie der Erwerb eines musikalischen Spiel- und Singrepertoires ist es, die Vorstellungskraft, die musikalische Sensibilität und Phantasie der Eltern (wieder) zu wecken und anzuregen. Als Spielpartner und Vermittler lernen die Eltern, wie sie mit ihren Kindern spielen und singen können. Das „Wie“ ist hierbei das zweite wichtige Lernthema, das auch im Unterricht immer wieder geübt werden sollte. Alles Lernen aber geschieht im Musikunterricht für Eltern und Kinder durch Tun – Spielen, Singen und Tanzen.

Spielregeln

- *Eltern sind aktive Spielpartner*
  Als stiller Beobachter klinken sie sich aus dem Spielgeschehen aus und erschweren das freie Musizieren zu Hause
- *Die Kinder entscheiden selbst, ob sie aktiv mitmachen wollen*
  Mit Bemerkungen wie „mach doch mit“ oder „die anderen Kinder spielen auch“ lockt man kein Kind vom sicheren Schoß. Wenn die Kinder Vertrauen gefasst haben und ihr Interesse geweckt ist, kommen sie von allein.
- *Die Freude an der Musik ist das Ziel, nicht die messbare Leistung*
  Lauter, schneller, höher macht taub für Klänge und musikalische Zusammenhänge. Wer kennt sie nicht, die ohrenbetäubenden Trommler, die wie im Hamsterrad rennenden Kinder, die schrillen Quietscher. Das sind häufig Reaktionen auf falschen Ehrgeiz.
- *Kinder lieben Wiederholungen*
  Geben Sie sofort Rückmeldung, wenn ein Spiel wiederholt werden soll. Das bekannte „Nochmal“ tut auch den Eltern gut.
- *Die Verantwortung für die Kinder ist Elternsache*
  Eltern, die abwartend zuschauen, ob die Musiklehrerin mit den Launen ihrer Kinder fertig wird, hindern die ganze Gruppe am Musizieren. Die Lehrerin kann ja nicht gleichzeitig ein Kind beruhigen und mit allen anderen entspannt spielen.
- *Essen, Trinken und der Gang zur Toilette stören*
  Wenn es denn unbedingt sein muss, möglichst unauffällig, schnell und leise. Vieles lässt sich schon vorher erledigen.

- *Pünktlichkeit ist Bedingung für einen stimmungsvollen Stundenbeginn*
  Der Weg zur Musikschule gehört schon zum Unterricht. Abgehetzte Mütter und Kinder brauchen viel Zeit, um sich für die Musik zu öffnen, die dann der knappen Unterrichtszeit fehlt. Man stelle sich vor: alle Kinder und Eltern sitzen schon im Kreis und singen fröhlich das Begrüßungslied, da stürzt das letzte Pärchen herein. Also noch einmal von vorne ...

  Am schönsten ist es, wenn sich beide schon zu Hause oder auf dem Weg zu Musikstunde einstimmen, im Auto ein Lied singen, in der Straßenbahn ein Spiel spielen.

- *Kinder wollen den Raum und die anderen selbst kennen lernen*
  Der kleine Zappelphilipp muss am Anfang noch nicht still sitzen. Er macht sich die Welt durch „Begreifen" vertraut. Lässt man ihn dieses Vertrauen gewinnen, wird er bald die Spielregeln erkennen und akzeptieren.

- *Die Eltern stellen sich auf eine anregende Musikstunde ein*
  Der Terminplaner, der Einkaufszettel und die Uhr bleiben vor der Tür und möglichst auch aus dem Kopf. Damit die wöchentliche Musikstunde über ihre eigentliche Dauer hinaus wirken kann, muss sie selbst einen hohen Stellenwert bekommen. Nur so werden die Eltern reichlich für ihre Wegezeit und die Kursgebühr belohnt.

- *Kleine Geschwister bleiben zu Hause*
  Kinder genießen es, mit ihrer Mutter einmal etwas ganz für sich zu tun und nicht ihre Zuwendung mit den Geschwistern zu teilen. Sollte es aber keine Oma in der Nähe geben, weiß der Lehrer Rat. Vielleicht stört ihn ein Baby im Wagen auch nicht.

Unterrichtsorganisation

Anfangsalter	Kinder ab 18 Monaten
Kursdauer	Ein Jahr, bei Bedarf jährliche Fortsetzung
Unterrichtszeit	45 Minuten Unterrichtsdauer; dem Musiklehrer sollten insgesamt 60 Minuten für Einstimmung, Vorbereitung des Raumes und Nachgespräche zur Verfügung stehen.
Gruppengröße	Sechs bis zehn Eltern-Kindpaare
Unterrichtsraum	Ein großer, möglichst unmöblierter Raum Eine Sitzecke kann mit Kissen oder Matten eingerichtet werden.
Instrumente	Klanghölzer, Handtrommeln, Rasseln, Glocken (ab 18 Monaten), Klangbausteine, Pauken, Kokosnüsse, Selbstbauinstrumente (ab zwei Jahren), Triangel, Klangschalen, Röhrentrommeln
Materialien	Tücher, Säckchen, Reifen, Bälle, Seile, Luftballons, Legespiele, Kuscheltiere
Haushaltsmaterialien	Löffel, Papprollen, Schüsseln, Dosen, Styroporkugeln, Papier
Naturmaterialien	Früchte, Blätter, Steine, Muscheln, Federn, Nüsse, Kastanien
Malmaterialien	Wachsmalblöcke, dicke Buntstifte, Fingerfarben

Das Kind in der Gruppe – die motorische und soziale Entwicklung

Das Kleinkind spiegelt sein Umfeld. Da es die Folgen seines Handelns noch nicht abschätzen kann, ist es auf die Hilfe seiner Bezugspersonen angewiesen. Das achtzehn Monate alte Kind hat seinen Verstand in den Füßen. Es wird beherrscht vom puren Bewegungsdrang, ohne *Vorsicht* gegenüber Gefahren, ohne *Rücksicht* gegenüber Spielpartnern. Die Aufmerksamkeitsspanne ist noch sehr kurz, das räumliche Vorstellungsvermögen schwach entwickelt. Grobmotorische Aktivitäten überlagern die feinmotorischen. Das Kind kann greifen, stoßen, ziehen, es beherrscht aber noch nicht die Feinabstimmung von Handgelenk und Fingern. Musikspiele werden vom Kind mit allen Sinnen lustvoll erlebt und helfen ihm, seine motorischen, musikalischen und sozialen Fähigkeiten zu erweitern.

Das etwa zweijährige Kind fühlt sich meistens in einer Gruppe geborgen. Es beobachtet neugierig und aufmerksam seine Umgebung. Bewegung, Sprache und Ausdruck der Spielpartner werden nachgeahmt. Gehen, Laufen und Hüpfen sind für das Kind auch Ausdrucksmittel der Selbstwahrnehmung. Arme und Beine, Hände und Füße spielen allmählich perfekt zusammen. Musikalische Grunderfahrungen werden zuerst in der Motorik verankert, bevor das Kind sie verinnerlicht.

Der emotionale Kontakt in einer Gruppe wird über Musik, Gestik und Lautäußerungen sichtbar und hörbar. Zunächst können die Kinder noch nicht *zusammen,* sondern nur *nebeneinander* spielen. Erst allmählich werden soziale Regeln akzeptiert und im musikalischen Spiel nachvollzogen. Dabei lernt das Kind, sich an Mitspieler anzupassen. Zuhören, Zuschauen, Abwarten – das sind wesentliche Voraussetzungen für gemeinsames Musizieren.

Dieser Zeitpunkt wird etwa mit dem Eintritt ins vierte Lebensjahr erreicht. Das Kind ist nun fähig und bereit, auch ohne seine Eltern in einer Gruppe zu spielen und zu lernen. Es agiert selbstständig und selbstbewusst, schließt erste Freundschaften im Kindergarten oder in der Musikschule:
Ein neuer Lebensabschnitt beginnt.

Die sprachliche Entwicklung

Sprache ist ein wesentliches Ausdrucksmittel des Menschen.
Sie ist Klang und Rhythmus, also auch ein musikalisches Phänomen.

Die sprachliche und körperliche Entwicklung sind eng verknüpft, das Kleinkind reagiert auf Sprache motorisch, mimisch und gestisch. Die gestaltete Sprache ist deshalb ein wichtiger Bestandteil der Eltern-Kind-Stunde.

Kinder lieben Kniereiter, Fingerspiele, Handgestenspiele, Verse und kleine Geschichten. Auch wenn sie den Inhalt nicht wörtlich erfassen, tauchen sie doch in die Atmosphäre ein. Kindliche Gedankenketten sind noch kurz, sie werden durch die konkrete Spielsituation bestimmt. Das Kleinkind versteht vieles, kann Dinge aus seiner Umwelt benennen und Gefühle äussern. Im Zuhören und Mitmachen, durch Blick- und Körperkontakt mit den Eltern gewinnt es Vertrauen, durch häufiges Wiederholen Sicherheit.

Die Kniereiter und Fingerspiele sind für das eineinhalb- bis zweijährige Kind geeignet. Es hat Freude an Texten, die seine konkreten Erfahrungen widerspiegeln (Alltag, Jahreszeiten, Natur, Tiere).

Das zweieinhalbjährige oder dreijährige Kind liebt Reime und Phantasiegeschichten, hat bereits Sinn für Humor und Sprachwitz.

Die Verse, Geschichten und Bilderbücher werden altersentsprechend gespielt und getanzt, mit Materialien und einfachen Instrumenten gestaltet.

Die sorgfältige Auswahl der Texte trifft der Lehrer vor Ort, angepasst an das Alter, den Entwicklungsstand der Kinder und die Zusammensetzung seiner Spielgruppe.

Lieder Tänze Verse Kniereiter Fingerspiele

Morgengruß

Heike Franz-Lammers

Guten Morgen, liebe Sara, bist du auch endlich da?
Dann bekommst du von uns allen ein ganz lautes Hurrah!

Guten Morgen lieber Pinne, na du schläfst ja noch fast.
Ja, dann grüßen wir ganz leise den verschlafenen Gast.

Macht einen Kreis

Heike Franz-Lammers

2. Nun seid ganz still und...
3. Setzt euch zu Boden und...
4. Trampelt mit den Füßen und...

5. Schlackert mit den Armen und...
6. Zuckt mit den Achseln und...
7. Wackelt mit den Hintern...

8. Hopst so, wie Lisi, und...
9. Krabbelt so, wie Paule, und...
10. Hinkt wie Alina und...

11. Macht so, wie Kira, und...
12. Macht so, wie Heidi, und...
13. Macht so, wie Anton, und...

Das Namensspiel

Heike Franz-Lammers

Hallo, hallo, hallo

Susanne Röthke

Es war eine Mutter

Kanon

Aus der Pfalz

Blumenlied

Gerda Bächli

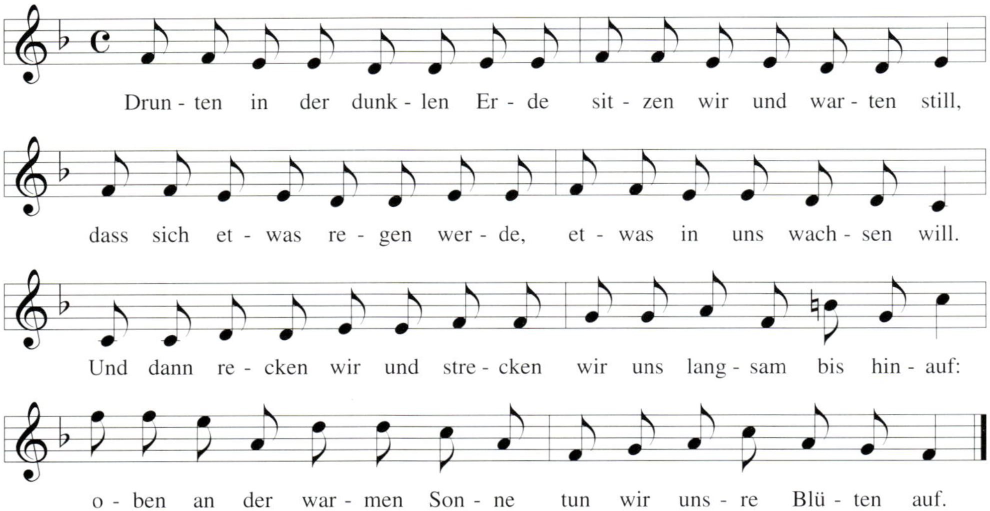

Das Schneeglöckchen

Tief unter der Erde von Schnee bedeckt
hat sich das Schneeglöckchen gut versteckt.
Still liegt es drin, hat die Augen zu
und schläft schon lang in tiefer Ruh.
Da scheint die Sonne, es regnet sacht,
da hat Schneeglöckchen bei sich gedacht:
„Dort auf der Erde im Sonnenschein,
da möcht ich wieder ein Blümlein sein."

Schneeglöckchen reckt sich und guckt aus dem Beet,
ei wie es fest auf seinen Beinchen steht.
Seht ihr das Blümchen, das zarte da?
Guck, guck Schneeglöckchen da bist du ja.
Kinder, ihr Kinder, nun spitzt das Ohr.
Schneeglöckchen kam nicht umsonst hervor.
Hört ihr es läuten, das klingt aber fein.
Schneeglöckchen läutet den Frühling ein.

Erst kommt…

Raimund Pousset

2. Sie haben rote Röckchen an
mit vielen schwarzen Punkten dran
und machen ihren Sonntagsgang
auf unsrer Gartenbank entlang.

Bin ein kleines Schneeglöckchen

Daniela Amann

Die Vögel

Die Vögel breiten ihre Flügel aus
und fliegen weit hinaus
Fliege geschwind schnell wie der Wind
Fliege geschwind schnell wie der Wind
fliege mein Vogelkind.

Ihr Kinder

Ihr Kinder seid fein still
weil unser Vöglein ausruhn will.
Das Vöglein legt sich nun zur Ruh,
und schließt seine Augen zu
pssst.

Die Tulpe

Dunkel war alles und Nacht.
In der Erde tief
die Zwiebel schlief,
die braune.

Was ist das für ein Gemunkel,
was ist das für ein Geraune,
dachte die Zwiebel,
plötzlich erwacht.
Was singen die Vögel da droben
und jauchzen und toben?

Von Neugier gepackt,
hat die Zwiebel einen langen Hals gemacht
und um sich geblickt
mit einem hübschen Tulpengesicht.

Da hat ihr der Frühling entgegengelacht.

Josef Guggenmos

Fliege

Fliege, fliege Fliegewind
flieg zu einem anderen Baum geschwind

Zi, wi, zi, wie

Zi, wi, zi, wie; zi, wi, zi, wa
das Schneeglöckchen ist wieder da.

Ausgeschlafen

Ausgeschlafen das tut gut,
wir haben wieder Kraft und Mut.
Ausgeschlafen das ist fein,
da freun sich unsre Vögelein.

alle Daniela Amann

Das Lied vom Regen

Ulrike Berger

Regenspiel

Drippel, droppel, drap,
ein jeder kriegt was ab.
Regen fällt dir auf dein Köpfchen,
hier ein Tröpfchen, dort ein Tröpfchen,
fällt auf deinen Finger,
diese kleinen Dinger,
fällt auf deinen kleinen Arm
ist ganz zart und weich und warm,
fällt auf deinen kleinen Rücken,
und jetzt musst du dich tief bücken,
kitzelt leise auch
deinen kleinen Bauch,
drippelt auf die Schuh zum Schluss,
und nun kriegst du einen Kuss.

Barbara Cratzius

Es regnet

Es regnet, es regnet,
es regnet seinen Lauf.
Ich werd nicht nass, ich spanne
mein Regenschirmchen auf.

Elfriede Pausewang

Das saubere Kind

Zum Waschen nehm ich den Schwamm,

zum Kämmen nehm ich den Kamm,

die Zähne putz ich mir fein,

die Fingernägel sind rein,

zieh frische Kleider auch an,

ein sauberes Kind bin ich dann!

Elfriede Pausewang

Fünf Strümpf

Eins, zwei, drei, vier, fünf,
die machen sich auf die Strümpf,
die springen über Gräben
und manchmal auch daneben.
Sie fallen in die Sümpf
und weg sind alle fünf!

Regenschirm

Regen, Regentröpfchen
es regnet auf mein Köpfchen,
es regnet aus dem Wolkenfass,
und alle Gräser werden nass.
Der sagt: „Wenn's regnet, da werde ich nass."
Der sagt: „Wenn's regnet, das macht keinen Spaß."
Der sagt: „Wenn's regnet, da bleib ich zuhaus'."
Der sagt: „Wenn's regnet, da geh' ich nicht 'raus."
Doch der Kleinste sagt: „Ich kann nicht auf die Sonne warten."
Und springt unter dem Schirm durch den nassen Garten.

Salamander-Wanderwetter

Trapp und trapp, der Salamander
schiebt sich über nasse Blätter.
Heute regnet's. Heute ist
Salamander–Wanderwetter.

Gestern, als die Sonne schien,
hielt er sich im Loch versteckt.
Heute kannst du ihn schreiten sehn,
schwarz von Farbe, gelb gefleckt.

„Schrecklich, dieses schlechte Wetter!"
so hat er gestern gesagt.
Heut freut ihn das Leben wieder.
heut geht's auf Schneckenjagd.

Josef Guggenmos

Sonnenlied

Gerda Bächli

Liebe Sonne, komm ein bisschen runter

trad.

Steigt ein Büblein

Steigt ein Büblein auf den Baum
ei so hoch, man sieht es kaum!
Hüpft von Ast zu Ästchen,
schlüpft zum Vogelnestchen,
hui, da lacht es,
ui, das kracht es,
plumps, da liegt es drunten!

Raimund Pousset

Der Regenbogen

Ein Regenbogen,
komm und schau!
Rot und orange,
gelb, grün und blau!

So herrliche Farben
kann keiner bezahlen,
sie über den halben
Himmel zu malen.

Ihn malte die Sonne,
mit goldener Hand
auf eine wandernde
Regenwand.

Josef Guggenmos

Sonne, steig am Himmel auf!

Ursula Roese

2. Blauer Himmel in der Höh,
Sonne kommt gegangen.
Wolln die Strahlen fangen!

3. Bäumchen streckt die Zweige aus.
Alle Vögel singen.
Alle Lieder klingen.

Wäre die Wolke ein Kissen...

Die Wolke, was ist sie? Wir wissen,
ein Ding wie Nebel und Rauch.
Wäre die Wolke ein Kissen,
und läge ich drauf auf dem Bauch,

flög ich, vom Winde geschoben,
und sähe hinab auf das Land
ich sähe die Heimat von oben
wie eine geöffnete Hand.

Die Fluren, die waldigen Kuppen,
die Stadt, ins Stromland gestellt.
Die Menschen wie winzige Puppen,
und jeder Mensch eine Welt.

Josef Guggenmos

Sonnenblume, Sonnenblume

Sonnenblume, Sonnenblume
steht an unserm Gartenzaun.
Außen hat sie gelbe Blätter,
innen ist sie braun.
Kommt ein Vöglein angeflogen,
Hunger hat's gar sehr:
„Sonnenblume, Sonnenblume,
gib doch Kernlein her."
Sonnenblume gibt dem Vöglein
Kernlein eine Zahl.
„Danke", ruft es fröhlich,
„danke, bis zum nächsten Mal."

überliefert

Eine kleine Amsel — Karl Foltz

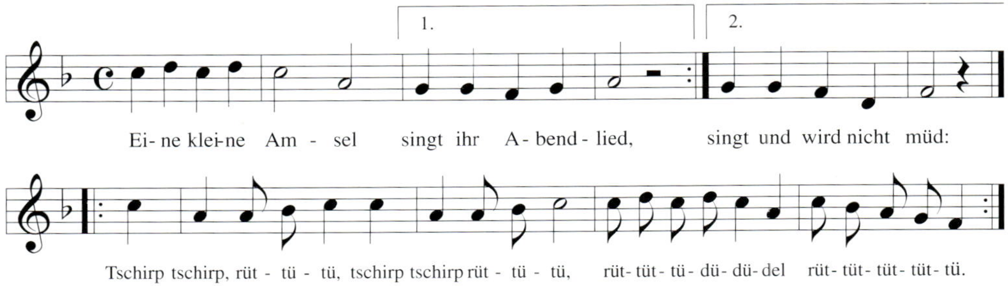

Keck, keck, keck — Susanne Röthke

Gefangen ist ein Vögelein — trad.

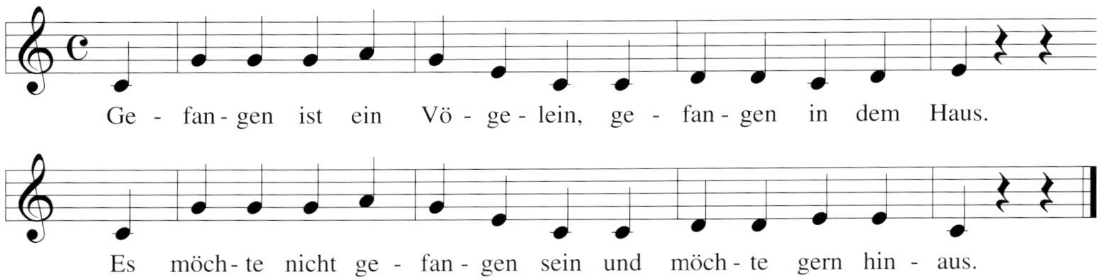

Der Spatz

Geflogen kommt ein Spatz, geschlichen kommt die Katz'.
Schon hebt sie an zum Springen, will's Spätzlein gleich verschlingen.
Da ist in hohen Bogen der Spatz davongeflogen.
Er setzt sich auf das Haus und lacht die Katze aus.

Elfriede Pausewang

Der Pinguin

Tipp und tapp und tipp und tapp,
immer lustig auf und ab,
tanzt der Pinguin im Frack,
niemals macht er dabei schlapp.
Susanne Röthke

Über'n blauen See

Über'n blauen See
fliegt die schöne Fee,
reitet auf den Wellen,
kleinen, silberhellen.
Kommt ein dicker Fisch,
macht die Welle zisch.
Susanne Röthke

Der Kuckuck

Der Kuckuck ruft mit Macht im Wald,
ruft kuckuck, dass es hallt und schallt.
Sein Weib schlüpft heimlich durchs Geäst
und schiebt ihr Ei ins fremde Nest

Das Fischlein

In einem Bächlein hell und frisch
da schwimmt ein kleiner Silberfisch
ll:er schwimmt und schwimmt und schwimmt,
springt, taucht, paddelt und ruht:ll
er lässt sich schaukeln von der Flut
gell, das Fischlein hat's gut.

Alle meine Entchen

trad.

2. Alle meine Täubchen sitzen auf dem Dach,
sitzen auf dem Dach, klipp klapp, klipp klapp,
klipp klapp, fliegen übern Bach.

3. Alle meine Püppchen, Emmi und Marie,
Emmi und Marie, schlafen in der Wiege,
bis ich wecke sie.

4. Und mein kleines Pferdchen geht jetzt in den Stall,
geht jetzt in den Stall, denn es muss ja schlafen
wie die Kindlein all.

Das Schüttellied

Gerda Bächli

Wir haben einen Drachen

Luis Steiner

2. Wir haben einen Drachen...
Seht ihr ihn dort fliegen, die
Wolken ihn nicht kriegen.
Wir haben einen Drachen...

3. Wir haben einen Drachen...
Lieber Wind blas' munter,
sonst fällt er herunter.
Wir haben einen Drachen...

Von den Kartoffeln

5 Buben sind zum Acker gerannt,
Kartoffeln buddeln mit fleißiger Hand.
Der erste steckt den Spaten rein.
„Wie kann die Erde so hart nur sein!“
Der zweite packte an beim Kartoffelstrauch,
da rutscht er aus und fliegt auf den Bauch.
Der dritte, der hackt mit der Hacke schwer,
„Ich finde keine Kartoffel mehr!“
Der vierte ruft: „Ich geh' nach Haus,
wir holen doch keine Kartoffel raus!“
Und der fünfte? Der kleine Mann,
der gräbt und gräbt, schaut den mal an!
Der holt einen großen Korb herbei,
da essen sie alle Kartoffelbrei!

Barbara Cratzius

Bunte Blätter tanzen

Susanne Röthke

...als auf einem grünen Ast sitzt die blaue Meise.
...als in dunkler Nacht die Eule schaut herum ganz weise.
...als die Stare dann im Herbst gehen auf die Reise.

An dem Baum

überliefert

2. Kommt der Wind, kommt der Wind,
fallen viele Blätter
von dem Baum herab, von dem Baum herab,
leise, leise, so.

3. Bläst der Wind, bläst der Wind,
freuen sich die Kinder
auf Kastanien, auf Kastanien,
plum, plum, plum, plum, plum.

Das Windrad

Mein Windrad bläst der Wind.
Nur ein Wehen
ist noch zu sehen,
so geschwind muss es sich drehen.
Verschwunden ist der bunte Stern.

Windrädchen
bläst der Wind fürs Leben gern.

Der Wind,
dieser lustige Mann,
bis vom Atlantik rennt er daher,
dass er mein Windrad blasen kann.

Josef Guggenmos

Die Birne

Es ist einmal eine dicke Birne gewesen
Fünf Männlein wollten sie gerne essen.
Der erste fragte:
„Darf ich dich essen?“
Die Birne sagte:
„Du hast kein Glück, du bist mir viel zu dick.“
Der zweite fragte:
„Darf ich dich essen?“
Die Birne sagte:
„Das hat keinen Sinn, du bist mir viel zu dünn.“
Der dritte fragte:
„Darf ich dich essen?“
Die Birne sagte:
„Du bist nich dran, du bist mir viel zu lang.“
Der vierte fragte:
„Darf ich dich essen?“
Die Birne sagte:
„Ich bleib am Holz, du bist mir viel zu stolz.“
Der fünfte fragte:
„Darf ich dich essen?“
Die Birne sagte:
„Nein, nein, du bist mir viel zu klein.“
Da ist die Birne ins Gras gefallen.
Und wisst ihr was?
Da ist ein Igel gekommen mit seinen Jungen
und hat die ganze Birne verschlungen.

überliefert

Spannenlanger Hansel

Aus Österreich

Lauf doch nicht so närrisch, spannenlanger Hans!
Ich verlier' die Birnen und die Schuh' noch ganz.

Trägst ja nur die kleinen, nudeldicke Dirn',
und ich schlepp' den schweren Sack mit den großen Birn'.

Birnen, Äpfel, Pflaumen

Susanne Röthke

2....duften in die Nase fein 3.... werden jetzt geschnippelt klein 4.... soll'n im Mund geschmeckt jetzt sein.

Kastanienlied

Susanne Röthke

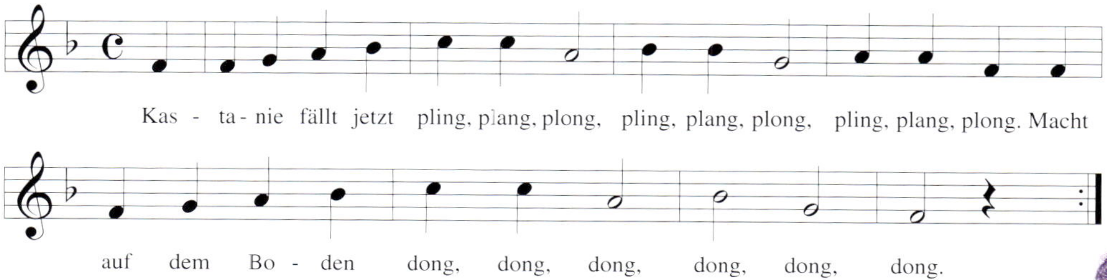

...macht auf dem Köpfchen dong, dong, dong...
...macht auf der Trommel dong, dong, dong...
(andere Strophen erfinden die Eltern)

Die Pflaumen

Schüttel, schüttel Bäumchen,
wir schütteln ab die Pfläumchen.

Die großen süßen Blauen
wir sitzen da und kauen:
„mmh, schmeckt gut!"

Die gelben Mirabellen
sind für die Spielgesellen:
„mmh, schmeckt gut!"

Der Korb ist voll,
der Bauch ist voll.
Oh Schreck, wie das noch werden soll,
ich kann nicht mehr,
mein Bauch ist schwer.
„oooh!"

Durch die Straßen

T: Lieselotte Holzmeister
M: Richard Rudolf Klein

2. Wie die Blumen in dem Garten
blühn Laternen aller Arten.

3. Und wir gehen lange Strecken
mit Laternen an den Stecken.

Der erste Schnee

T: Gustav Sichelschmidt/M: Wilhelm Keller

2. Leise sehen wir es schnei'n
draußen vor den Scheiben.
Schlitten her; und dann hinein
in das wilde Treiben!

3. Ist der Wind auch eisigkalt,
dass die Bäume knacken.
Macht er uns doch allen bald
schöne rote Backen.

Wir fahren Schlitten

T: Lieselotte Holzmeister
M: Liselotte Rockel

2. Heißa juchhe, wir fahren in den Schnee.
Wir fahren in den Graben 'rein,
pardautz, das tut nicht weh.

3. Hei horido! So wie ein Eskimo
in Eis und Schnee, sonst nirgendwo,
so bin ich heute froh!

Der Winter ist da

trad.

2. E, e, e, er bringt uns Eis und Schnee,
malt uns gar zum Zeitvertreiben
Blumen an die Fensterscheiben.
E, e, e, er bringt uns Eis und Schnee.

3. I, i, i, vergiss die Armen nie!
Wenn du liegst in warmen Kissen,
denk an die, die frieren müssen!
I, i, i, vergiss die Armen nie!

4. O, o, o, wie sind die Kinder froh!
Sehen jede Nacht im Traume
sich schon unterm Weihnachtsbaume.
O, o, o, wie sind die Kinder froh!

5. U, u, u, jetzt weiss ich, was ich tu!
Hol den Schlitten aus dem Keller
und dann geht es schnell und schneller!
U, u, u, jetzt weiss ich, was ich tu!

Kommet all und seht

Hans Poser

2. Einen blauen Topf hat er auf dem Kopf,
das ist sein neuer Hut, und der gefällt ihm gut.

3. Unser Schneemann weint, wenn die Sonne scheint,
das ist ihm gar nicht recht, denn das bekommt ihm schlecht.

Schneemann bau'n und Schneeballschlacht

T: Christel Neumann
M: Siegfried Bimberg

2. Flocken wirbeln, Frost der kracht,
Winter ist so schön!
Wer Angst hat, der wird ausgelacht.
Wir wollen rodeln gehn!

3. Rote Nase, Eis im Haar,
Winter ist so schön,
kälter als im vor'gen Jahr.
Wir wollen rodeln gehn!

Es schneielet

Es schneielet, es beielet,
es geht ein kalter Wind.
Da ziehn die Kinder Handschuh an
und laufen heim geschwind.

Es schneielet, es beielet,
es geht ein kalter Wind.
Da fliegen weiße Flocken fein
aufs Köpfchen jedem Kind.

Nikolaus

Nikolaus,
komm ins Haus,
leere deinen Sack uns aus:
Äpfel, Nüsse, Mandelkern
haben alle Kinder gern.
Weihnachtszeit
ist nicht weit,
leuchtet schon der helle Stern.
Christkindlein,
zart und fein,
freut die Kinder nah und fern.

Grüne Tanne

trad.

2. In dem Glanz der hellen Kerzen kündest du uns neues Licht.
Öffnest weit uns unsre Herzen für der Sonne klares Licht.

Der Nussknacker

Wer knackt die Nuss?
Nicht der Fritz, nicht der Franz.
Wer kriegt sie entzwei?
Der Nussknacker kann's!

Gut, dass wir ihn haben
den hölzernen Herrn.
Er zerbeißt die Schale
und schenkt uns den Kern.

Josef Guggenmos

Himpelchen und Pimpelchen

Himpelchen und Pimpelchen
stiegen auf einen Berg.
Himpelchen war ein Heinzelmann,
Pimpelchen war ein Zwerg.

Sie blieben lange dort oben sitzen
und wackelten mit ihren Zipfelmützen.
Doch nach siebenundzwanzig Wochen
sind sie in den Berg gekrochen,

dort schlafen sie in guter Ruh,
schweig mal still und hör mal zu.
Dann sind sie wieder aufgewacht
und haben gelacht und haben gelacht.

Dann kommen sie wieder hervor und sagen:
„Wir bauen uns zusammen ein Haus!"
ein Dach
ein Fensterchen
Und schauen vergnügt zum Fenster hinaus.

Himpelchen sagt: „Ich bau mir ein Haus"
Pimpelchen sagt: „Ich auch, ich auch!"
Himpelchen sagt:
„Mein Haus ist nicht gerade,
das ist aber schade."

Pimpelchen sagt:
„Mein Haus ist ganz krumm,
ist das aber dumm!"
Da kommt der große Pustewind
und pustet beide um geschwind.

Trippeltrappel aus dem Berge

Hedwig Diestel

2. Trippeltrappel, auf dem Berge
hüpfen jetzt die flinken Zwerge
sammeln Steinchen für ihr Säcklein,
und es klingt das Zauberglöcklein:
bimbimbimbimbim...

3. Trippeltrappel, in dem Berge
hämmern die geschwinden Zwerge
Gold und Silber für ihr Säcklein,
und es klingt das Zauberglöcklein:
klinglinglingling...

4. Trippeltrappel, in dem Berge
schlafen nun die müden Zwerge
in den grauen Nebelröcklein,
träumen von dem Zauberglöcklein:
klinglinglingling...

Das Zwerglein Zitterbart

Susanne Röthke

2. Kommt heraus ein kleiner Wurm, fragt:
"Was soll den dieser Sturm?
Jagst mich hier aus meinem Traum.
Poch, poch, poch!"

3. "Lass uns spielen, sei so nett,
sonst wirst Du noch gar so fett.
Komm wir rennen um die Welt!
Puh, puh, puh!"

Dort oben auf dem Berge

Dort oben auf dem Berge 1 2 3
da tanzen kleine Zwerge 1 2 3
dort unten auf der Wiese 1 2 3
da schläft ein großer Riese 1 2 3

Susanne Stöcklin-Meyer

Hier ist ein Berg

Hier ist ein Berg, da ist ein Berg,
In jedem Berg wohnt ein Zwerg!
Dazwischen steht ein Tannenbaum!
Und sieh, im blauen Himmelsraum,
erscheint der Mond um Mitternacht.
Das Zwerglein Munkepunk erwacht!
Es guckt geschwind zum andern Berg,
sieh da, auch da erwacht der Zwerg!
Der Zwerg mit dem Namen Eckeneck,
Guckt auch aus seinem Bergversteck! –
Hier siehst du beide Zwerge nun,
Was glaubst du, was die beiden tun?
Sie tanzen froh, wie ich und du,
Der Silbermond guckt ihnen zu.
Am Morgen geht der Mond nach Haus.
Die Nacht ist um, der Tanz ist aus.
Zuerst verschwindet Eckeneck
In seinem dunklen Bergversteck.
Dann schlüpft mit einem muntren Sprung
In seine Höhle Munkepunk.
Hier steht ein Berg, da steht ein Berg –
In jedem schlummert nun ein Zwerg

Hedwig Diestel

Es tanzt ein Bi-ba-butzemann

T: nach "Des Knaben Wunderhorn"
M: volkstümlich

Klitzekleines Zwerglein

trad.

Rummelbummel

Thilde Lorenz

2. Eine alte Hexe, die rührt im Topf herum...
3. Eine fette Kröte, die dreht sich dreimal um...
4. Eine dicke Hummel, die macht ein laut Gesumm...
5. Eine gelbe Rübe, die fällt auf einmal um...

Der Riese und der Zwerg

überliefert

Rübezahl

Rübezahl, der große Riese,
lag einst auf der grünen Wiese,
nieste in sein Taschentuch,
riefen alle Blumen: „Huch!“

Susanne Röthke

Huckepack

Huckepack, huckepack,
trägt das Männlein seinen Sack.
Was mag wohl darinnen sein?
Süße Sachen! Oh wie fein.

Susanne Röthke

Rabulan, der Riese

Rabulan, der Riese, isst so gerne Gemüse.
Er sagt: „Gemüse ist gesund!“ und verzehrt aus diesem Grund
täglich einen Haselstrauch und ein Fuder Rüben auch,
einen Kürbis obendrein; denn er will bei Kräften sein.
Bei Ferdinand und Lieschen
tun's Äpfel, Salat und Radieschen

Josef Guggenmos

Kleiner Tanzbär

Dorothée Kreusch-Jacob

Wir sind zwei kleine Tanzbär'n...

Der große und der kleine Bär

Der große und der kleine Bär
spaziern im Walde hin und her.
Der große Bär geht TAP, TAP, TAP,
der kleine Bär geht tap, tap, tap,
so klingt es ungefähr.

Sie kommen an ein kleines Haus,
das sieht schon sehr verfallen aus.
Der große Bär macht KLOPF, KLOPF, KLOPF,
der kleine Bär macht klopf, klopf, klopf,
wer kommt jetzt wohl heraus?

Heraus kommt eine alte Hex',
die Uhr zeigt gerade auf halb sechs.
Der große Bär hat GROSSE ANGST,
der kleine Bär hat kleine Angst,
sie rennen durchs Gewächs.

Und später dann im Mondenschein,
da schlafen beide friedlich ein.
Der große Bär schläft CHR CHR CHR
der kleine Bär schläft chr, chr, chr,
sie sägen alles klein.

Die Kätzchen

Die Katzenmutter hat vier Kätzchen:
Das erste hat ganz weiche Tätzchen,
das zweite hat ein langes Schwänzchen,
das dritte um den Hals ein Kränzchen,
das vierte ist ganz zart und klein.
Wie hüpfen die vier Kätzchen fein
im Spiel ums Katzenmütterlein!

Elfriede Pausewang

Das Böckchen

Zwei Hörner hat das Böckchen
und springt lustig im Klee.
Um den Hals trägts ein Glöckchen
und es ruft laut: „Mäh - mäh!“
Doch gib acht, denn das Böckchen
kann dich stoßen, o je!

Elfriede Pausewang

Der Elefant

Der Elefant, grau wie ein Stein,
hat Zähne, ganz aus Elfenbein.
Wie ein Gebirg geht er herum.
Zehn Männer werfen ihn nicht um.

Josef Guggenmos

Der Osterhase

Fünf Männlein sind in den Wald gegangen
und wollten den Osterhasen fangen.
Der erste war so dick wie ein Fass
der brummte immer: „Da ist der Has.“ (2x)
Der zweite rief: „Da ist er ja, ich seh ihn ja.“ (2x)
Der dritte war der Allerlängste, aber auch der Allerbängste.
Er fing an zu weinen: „Ich seh keinen.“ (2x)
Der vierte sagte: „Das ist mir zu dumm, ich kehr wieder um.“
Der fünfte der Kleinste, wer hätt’ es gedacht,
der hat den Hasen nach Hause gebracht.
Da haben alle Leute gelacht: Ha, Ha, Ha!

überliefert

Das Mäuschen

Reim aus Österreich

Gesprochen: Und zu dem da sagt es: Husch, hinein ins Loch!

Raupe Nimmersatt

Susanne Röthke

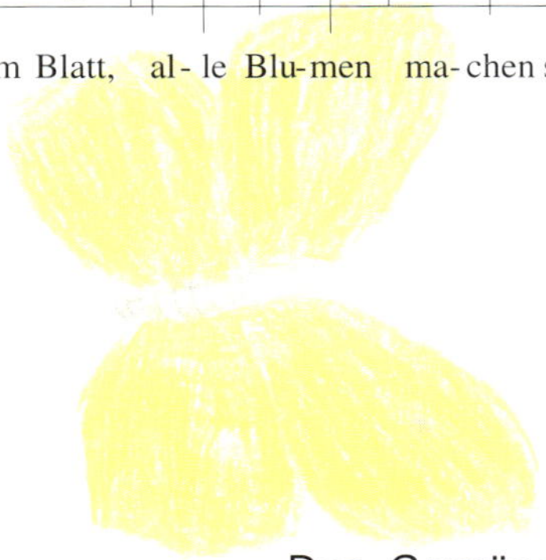

Gespräch mit der Raupe

Wie ist dir zumute, sag,
die du eine Raupe bist
und den lieben langen Tag
Löcher in die Blätter frisst?
Geht's dir nicht im Kopfe um;
so ein Dasein ist doch dumm,
immer essen, nichts als essen,
und sonst keine Interessen!

Das Gemüse schmeckt mir noch,
drum fress ich Loch um Loch.
Aber einmal, glaub mir das,
stehst du da und rufst du: "Was,
dieses dicke Nudelding
schwebt jetzt als Schmetterling!"

Josef Guggenmos

Die Schnecke

In unserem Garten an der Hecke
kriecht langsam eine dicke Schnecke.
Sie trägt auf ihrem Rücken aus
ihr rundes buntes Schneckenhaus.
Vorsichtig sie die Fühler streckt
und in die Luft die Hörner reckt.

Berühr die Fühler ich ganz leise,
hört ganz schnell auf der Schnecke Reise.
Sie zieht die Hörner ängstlich ein
und kriecht ins Schneckenhaus hinein.
Es fürchtet sich das kleine Tier,
weil ich so groß bin, sehr vor mir.

Doch endlich kommt sie wieder raus
aus ihrem schönen Schneckenhaus.
Und wieder kriecht die dicke Schnecke
nur eine klitzekleine Strecke
und trägt auf ihrem Rücken aus
ihr rundes buntes Schneckenhaus.

Elfriede Pausewang

Rätsel

Ich gehe alle Tage aus
und bleibe doch in meinem Haus.

Schicke, schacke, schecke

Schicke, schacke, schecke,
im Kohl kriecht eine Schnecke,
frisst sich satt und fett,
das ist gar nicht nett.

Hopp, hopp, hopp

Hopp, hopp, hopp, zu Pferde,
wir reiten um die Erde.
Die Sonne reitet hinterdrein –
wie wird sie abends müde sein!

Pferdchen, lauf Galopp!

Hopp, hopp, hopp!
Pferdchen, lauf Galopp.
Über Stock und über Steine,
aber brich dir nicht die Beine.
Hopp, hopp, hopp!
Pferdchen, lauf Galopp.

Hopp, hopp, ho!
Pferdchen frisst kein Stroh.
Muss dem Pferdchen Hafer kaufen,
dass es kann im Trabe laufen.
Hopp, hopp, ho!
Pferdchen frisst kein Stroh.

Br, br, he!
Steh, mein Pferdchen, steh!
Sollst noch heute weiter springen,
muss dir erst das Futter bringen.
Br, br, he!
Steh, mein Pferdchen, steh!

Eine kleine Dickmadam

Eine kleine Dickmadam
fuhr mal mit der Eisenbahn,
Eisenbahn, die krachte,
Dickmadam, die lachte,
setzt sich in das grüne Gras,
machte sich die Hosen nass.

Wie reiten die Herren

Wie reiten die Herren?
Trab, trab, trab!
Wie reiten die Bauern?
Stup, stup, stup!
Wie reitet der junge Edelmann
mit seinem Pferdchen hintendran?
Galepper, galepper, galepper!
Wie reitet das kleine Jüngferlein
auf seinem schönen Schimmelein?
Hittepitte, hittepitte –
bums! In den Graben rein!

Hoppe, hoppe, Reiter

Hoppe, hoppe, Reiter,
wenn er fällt, dann schreit er.
Fällt er in die Hecken,
fressen ihn die Schnecken.
Fällt er über'n Stein,
bricht er sich das Bein.
Fällt er in das grüne Gras,
macht er sich die Hose nass.
Fällt er in den Graben,
fressen ihn die Raben.
Fällt er in den Sumpf,
macht der Reiter plumps.

Rirarutsch

Rirarutsch! Wir fahren in der Kutsch.
Wir fahren über Stock und Stein,
da bricht das Schimmelchen ein Bein.
Rirarutsch! Es ist nichts mit der Kutsch.

Rirarittten! Wir fahren in dem Schlitten.
Wir fahren übern tiefen See,
da bricht der Schlitten ein, o weh.
Rirarittten! Da liegt im See der Schlitten.

Riraromnibus! Wir fahren mit dem Omnibus.
Der Fahrer schläft. Da macht es: bum!
Da fällt der alte Kasten um.
Riraromnibus! Da liegt der dumme Omnibus.

Riraruß! Jetzt gehn wir fein zu Fuß.
Da bricht uns auch kein Schimmelbein,
da bricht uns auch kein Schlitten ein.
Riraruss! Fällt um kein Omnibus.

Geht mein Pferdchen

trad.

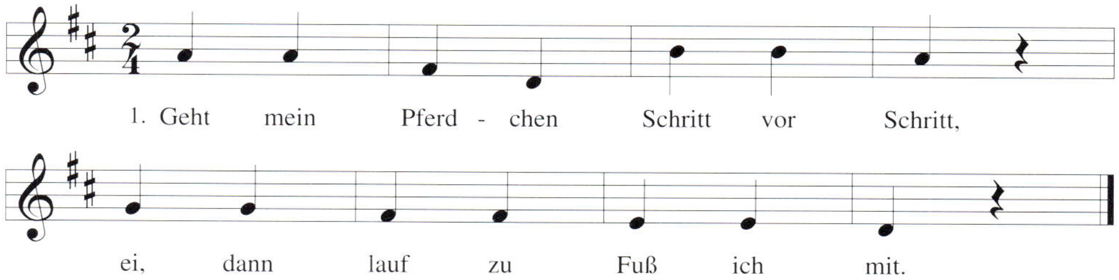

2. Lieber hab ich, geht's trip, trap,
wenn es mich nur nicht wirft ab.

3. Doch am liebsten geht's hopp, hopp,
rasch so weiter im Galopp.

4. Ei, wie mir dies wohlgefällt,
man durchflieget so die Welt.

5. Pferdchen wird wohl müde sein,
geht nun in den Stall hinein.

Tausend kleine Luftballons

Susanne Röthke

Fliegen, fliegen

Susanne Röthke

Mein Ball

Mein Ball
zeigt, was er kann,
hüpft
hoch wie ein Mann
dann
hoch wie eine Kuh
dann
hoch wie ein Kalb
dann
hoch wie eine Maus
dann
hoch wie eine Laus
dann
ruht er sich aus.

Josef Guggenmos

Komm, stell dich mal mit mir in den Wind

Dorothée Kreusch-Jacob

2. Komm, lass dich einfach treiben im Wind!
Dann spielen wir, dann spielen wir,
dass wir zwei Segelschiffe sind.

3. Komm, lass die Haare zausen im Wind!
Dann spielen wir, dann spielen wir,
dass wir zwei Struwwelpeter sind.

4. Komm, lass die Arme fliegen im Wind!
Dann spielen wir, dann spielen wir,
dass wir zwei schnelle Vögel sind.

5. Komm, mach dich leicht und weich im Wind!
Dann spielen wir, dann spielen wir,
dass wir zwei weiße Wolken sind.

Timmi's Seifenblase

Katharina Schilling-Sandvoß, Uwe Sandvoß

Den Landeplatz oder Flugort können die Kinder selbst erfinden und in die zweite Zeile einsetzen (z.B. kitzelte noch meine Wangen, landete auf Timmi's Füßen, flog auf meine große Zehe, ...).

Vers vom Schlüssel

Rissel, rassel, Rüssel
wo sind meine Schlüssel
rissel, rassel, rund
sie sind am Schlüsselbund.

Lirum, larum, Löffelstiel

Lirum, larum, Löffelstiel
wer nichts lernt, der kann nicht viel.

Willst du fröhlich sein

überliefert

2. ...stampfe mit dem Fuß 3. ...schnippe mit den Fingern 4. ...winke mit der Hand 5. ...nicke mit dem Kopf

Säcklein, Säcklein, du musst wandern

T: volkstümlich/M: nach "Taler, Taler..."
Bearbeitung: Birgit Kaltenmorgen

Fass mich doch mal an

Franziska Pfaff

2. Meine Stimme, die kann summen,
lallen, sprechen und auch brummen.
Hör mich doch mal an!
Hör, was ich mit meiner Stimmen machen kann.

3. Meine Augen können blinkern,
schlafen, staunen und auch zwinkern.
Sieh mich doch mal an!
Sieh, was ich mit meinen Augen machen kann.

Heile, heile Segen

trad.

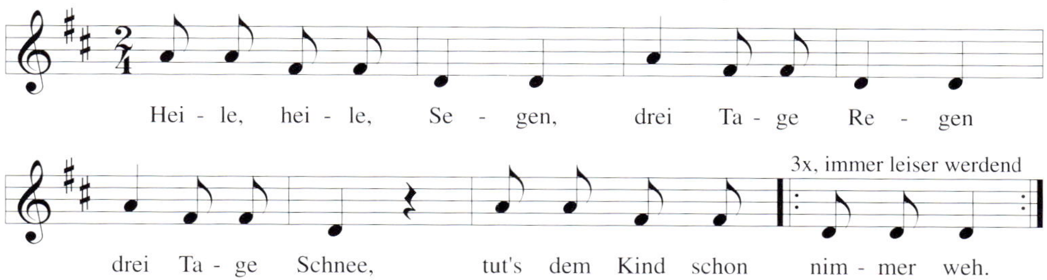

Daumen, bück dich

Daumen, bück dich,
Zeiger, streck dich,
Mittler, neig dich,
Goldner, lupf dich,
Kleiner, duck dich!

Guten Tag

Den Schlüssel steck ich ins Schlüsselloch.
Ich schließe auf die Tür.
Dann öffne ich die Türe noch
und komm herein zu dir!
Ich sag dir fröhlich guten Tag
und geb dir einen Kuss.
Ich weiß, dass ich dich leiden mag
und dir gut bleiben muss.

Elfriede Pausewang

Zippel, zappel

Zippel, zappel, Fingerlein,
wollen gar nicht stille sein,
zappeln hin und zappeln her
und geben keine Ruhe mehr.
Fingerlein, jetzt aber still,
weil ich euch was sagen will:
Noch mal hin, noch mal her,
doch jetzt gibt's kein Gezappel
mehr!

Fünf Brüder

Fünf Brüder gehen durch den Wald
der Weg ist hart, die Luft ist kalt.
Der erste sagt: „Oh, Bruder schau,
die Wolken sind so schwer und grau."
Der zweite schaut hinauf zur Höh:
„Ich glaube," sagt er, „es gibt Schnee."
Der dritte schaut und sagt sodann:
„Es fängt ja schon zu schneien an."
Der vierte hält die Hände auf,
da fällt ihm weicher Schnee darauf.
Der fünfte ruft: „Ich lauf nach Haus,
und hole unsern Schlitten 'raus."
„Nun setzt euch drauf ihr lieben Brüder
und saust mit mir den Berg hernieder."

Der ist ins Wasser g'fallen

Der ist ins Wasser g'fallen,
der hat ihn rausgeholt,
der hat ihn ins Bett gelegt,
der hat ihn zugedeckt
und der klitzekleine Schelm da,
der hat ihn wieder aufgeweckt.

Komm her mein Schneckchen

Komm her mein Schneckchen
ich streichel dein Bäckchen.
Komm her mein Hase
ich tipp auf deine Nase.
Komm her mein kleiner Hund
ich steck den Finger in deinen Mund.
Beißt du? Na und!
Du bist mein Bärchen
ich streichel deine Härchen
und in deine Öhrchen
erzähl ich dir Märchen.
Schlaf gut!

Zehn kleine Zappelmänner

trad.

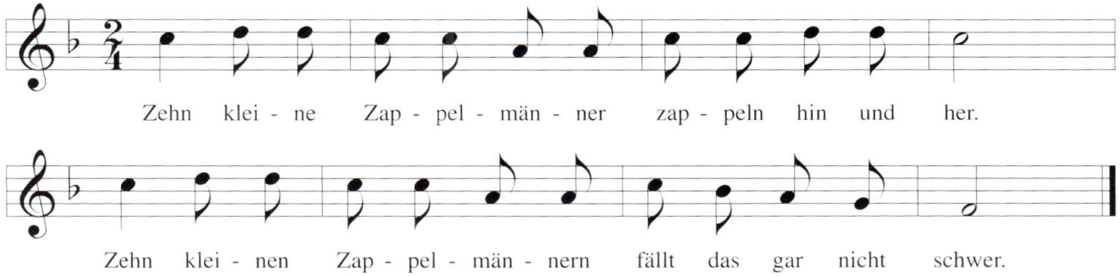

2. Zehn kleine Zappelmänner zappeln auf und nieder.
Zehn kleine Zappelmänner tun das immer wieder.

3. Zehn kleine Zappelmänner zappeln rings herum.
Zehn kleine Zappelmänner, die sind garnicht dumm.

4. Zehn kleine Zappelmänner kriechen ins Versteck.
Zehn kleine Zappelmänner sind auf einmal weg

Hände drücken

Rolf Krenzer

2. Hände klatschen...Ich klatsche
3. Finger schnalzen...Ich schnalze
4. Lustig winken...Ich winke
5. Haare kämmen...Ich kämme
6. Zähne putzen...Ich putze
7. Schuhe putzen Ich putze
8. Nase putzen...Ich putze

Kindlein mein

Aus Mähren

Die Blümelein, sie schlafen

trad.

2. Die Vögelein, sie sangen so süß im Sonnenschein, sie sind zur Ruh gegangen in ihre Nestchen klein. Das Heimchen in dem Ährengrund, es tut allein sich kund: Schlafe...

Leise Zwerglein trad.

Wiegelied Daniela Amann

Schlaf Kindlein

Schlaf, Kindlein, balde,
die Vöglein singen im Walde.
Die Vöglein singen und springen im Gras
und bringen meinem Kindlein was.

Schlaf Mäuschen

Schlaf, mein kleines Mäuschen,
schlaf bis morgen früh,
bis der Hahn im Häuschen
ruft sein Kikeriki.

Susanne Röthke

Großer Stern und kleiner Stern

T: Lieselotte Holzmeister
M: Heinz Lemmermann

2. Schaf und Lamm beisammen sind. Jede Mutter hat ihr Kind,
jedes Kind die Mutter sein. Alle, alle schlafen ein.

Schlaf, Kindlein, schlaf

trad.

2. Schlaf, Kindlein, schlaf!
Am Himmel ziehn die Schaf'!
Die Sternlein sind die Lämmerlein,
der Mond, der ist das Schäferlein.
Schlaf, Kindlein, schlaf!

3. Schlaf, Kindlein, schlaf!
So schenk ich dir ein Schaf
mit einer goldnen Schelle fein,
das soll dein Spielgeselle sein.
Schlaf, Kindlein, schlaf!

Guten Abend, lieber Mond

Klaus Neuhaus

2. Guten Abend, lieber Mond, und ihr vielen Sterne,
seht mal her, ich leuchte auch hell mit der Laterne.

3. Guten Abend, lieber Mond, und ihr vielen Sterne,
scheint ihr mal nicht hell genug, helfe ich euch gerne.

Die schönsten Schäfchen

trad.

2. Er kommt am späten Abend,
wenn alles schlafen will,
hervor aus seinem Hause
zum Himmel leis und still.

3. Dann weidet er die Schäfchen
auf seiner blauen Flur;
denn all die weißen Sterne
sind seine Schäfchen nur.

4. Sie tun sich nichts zuleide,
hat eins das andre gern,
und Schwestern sind und Brüder,
da oben Stern an Stern.

5. Und soll ich dir eins bringen,
so darfst du niemals schrein,
musst freundlich wie die Schäfchen
und wie der Schäfer sein.

Leise

Leise, leise, leise,
der Mond macht seine Reise.
Erwacht sind alle Sternelein,
schlaf, mein Kind, schlaf ein.

Sonne, Mond und Sterne

Sonne, Mond und Sterne
haben wir so gerne,
weil in ihrem Lichte gut
unsre ganze Erde ruht.

Es geht ein kalter Wind

Es regnet, es regnet,
es geht ein kalter Wind.
Da schlafen alle Vögelein
und auch die guten Kind.

Gute Nacht

Gute Nacht, gute Nacht,
bist im Traum ja bewacht,
weil der silberne Mond
längst schon über dir thront.

Susanne Röthke

Debka Hora

Aus Israel

Löffelmusik

Susanne Röthke

Ringel, Rangel, Rosen

trad.

Wir fangen an

trad.
Strophe 2-8: S. Peter-Führe

2. Wir fangen an, wir fangen an,
 wir fangen an und klatschen in die Hände.
 la...
3. Wir fangen an, wir fangen an,
 wir fangen an und stampfen mit den Füßen.
 la...
4. Wir fangen an, wir fangen an,
 wir fangen an und trommeln auf die Tische/Stühle/den Boden.
 la...
5. Wir fangen an, wir fangen an,
 wir fangen an und tanzen durcheinander.
 la...
6. Ich geh allein, ich geh allein,
 ich geh allein und klatsch in meine Hände.
 la...
7. Wir gehn zu zweit, wir gehn zu zweit,
 wir gehn zu zweit und drehen uns im Kreise.
 la...
8. Wir machen nun, wir machen nun,
 wir machen nun die lange, lange Schlange
 tanzen gemeinsam einen Schlangenschlingeltanz.

Wir wollen alle singen

Susanne Röthke

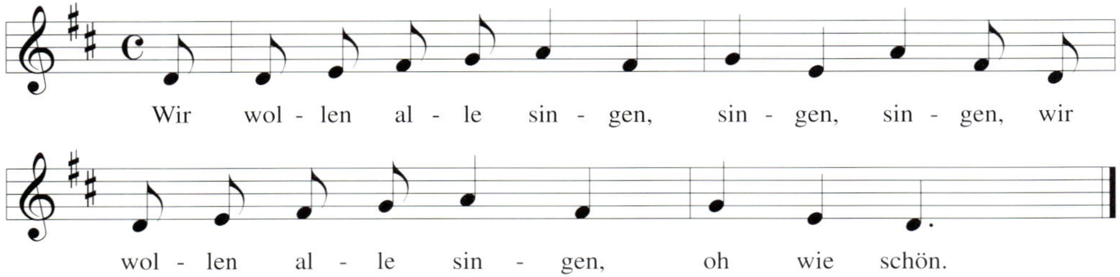

Hör die Glocken

Kanon

Aus Finnland

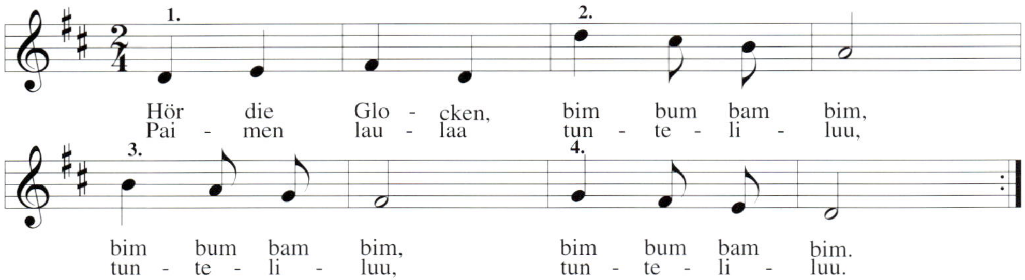

Musikantenlied

Wolfgang Spode

Abschied

Liselotte Rockel

2. Vorbei für heut' sind Tanz und Spiel, der Mond guckt gleich heraus.
Wir sagen uns "Auf Wiedersehn" und gehen froh nach Haus.

Auf Wiedersehn

T: überliefert/M: Anneliese Gaß-Tutt

Instrumente

Für die Auswahl der Instrumente ist ihre leichte Spielbarkeit für die kleinen Kinder ausschlaggebend. Die meisten Instrumente lassen sich auch in der Bewegung spielen, z.B. beim Gehen oder Schwingen. Sie können sowohl zu Spielaktionen als auch zu Klang- und Geräuschmalerei verwendet werden.

Mit Handtrommeln und Klanghölzern kann man auf den Punkt genaue Akzente setzen, während Rasseln und Glöckchen immer einen Streuklang erzeugen. Die Handtrommel fordert zu verschiedensten Handbewegungen und Spielarten heraus, die einen starken Aufforderungscharakter zum weiterspielen haben. Die entstehenden Geräusche werden von den Kindern sehr lustvoll erlebt.

Kleinkinder erkunden Klanghölzer gerne mit Klopfen und Hämmern. Die Hölzchen lassen sich gut greifen, drehen und rollen. Rasseln und Glocken geben den Kleinen unmittelbare Rückmeldung über ihre Bewegungen. Im Greifen all dieser Instrumente entwickelt sich das Begreifen, dass sich die hörbare Umwelt durch eigene Aktivität verändern lässt. Das Spielverhalten der Kinder wird zielgerichtet. Ihr Selbstvertrauen steigt und der Mut, Neues auszuprobieren, wird größer.

Bei Klangbausteinen konzentriert sich die Wahrnehmung nur auf einen Ton. Bei den Metallklingern mit ihrem langen Nachklang können die Kinder durch Abdämpfen die Länge des Tones selbst bestimmen.

Selbstbauinstrumente, die unter Beteiligung der Kleinen, z.B. durch Verzieren mit eigenen Mustern und Farben entstehen, motivieren die Kinder sehr zum eigenen Spiel. Sie sollten nicht nur schön aussehen, sondern auch gut klingen. Dann werden sie immer wieder zum Spielen hervorgeholt.

Singen mit Kindern

Basis des Eltern-Kind-Unterrichtes ist das Singen: Das spielerische Entdecken aller Regionen der Stimme, besonders der hohen Kopfstimmlage, ist ganz wichtig, um den Umfang der stimmlichen Möglichkeiten optimal zu erweitern. Die häuslichen Hörgewohnheiten der Eltern beschränken sich oft auf den für Erwachsene bequem singbaren Bereich. Diese freiwillige Beschränkung auf die unteren Lagenbereiche und auch Modeströmungen aus der Unterhaltungsmusik verhindern eine gesunde Entfaltung des kindliche Singens. Dieser Tendenz sollte die Lehrkraft versuchen entgegen zu wirken. Durch ein vielfältiges Angebot von Liedern und Sprechversen lösen sich die Eltern und Kinder von ihrer stilistischen Einseitigkeit und erweitern ihr Repertoire.

Das Singen ist das tragende Band durch den Unterricht. Im Singen ordnen sich die Spielabläufe, werden Stimmungen aufgefangen und geschaffen und eine positive Atmosphäre vermittelt. Die Singstimme hat einen sehr viel intensiveren Aufforderungscharakter als die Sprechstimme und schafft in der Gruppe ein Gemeinschaftserlebnis, das Freude und Spaß vermitttelt.

Dabei ist es unerhebelich, ob die Kinder schon aktiv mitsingen oder lauschen oder nur „innerlich singen“. Ihr Einschwingen auf den Gruppenprozess ist entscheidend. Wissenschaftliche Untersuchungen haben gezeigt, dass sich der Kehlkopf und die Stimmbänder auch in kleinen Mikrobewegungen mitbewegen und auf das Geschehen bzw. das Gehörte einstellen.

Ein Singen ohne Bewegung ist beim Kleinkind undenkbar. Stimme, Haltung und Atmung sind als eine Einheit verbunden und verlangen einen ganzheitlichen Unterrichtsansatz, bei dem die Emotionen der Kinder sensibel erspürt und beachtet werden müssen.

Spielmaterial

Das Kleinkind lebt aus seiner Motorik. Hände und Füße, Augen und Ohren erschließen den kindlichen Handlungsraum. Spielobjekte sind geliebte Partner zur Selbsterfahrung und Wahrnehmung. Sie regen Phantasie, Bewegung und Ausdruckswillen an. Kindliche Spielmaterialien haben starken Aufforderungscharakter: Form, Farbe, Geruch, Größe, Geräuschqualität und Eigendynamik wecken Neugier und Spieltrieb.

Für die Eltern-Kind-Gruppe werden im Wesentlichen die gleichen Materialien verwendet wie in der Musikalischen Früherziehung, dem Alter der Kinder entsprechend jedoch mit anderer Zielsetzung. Das jüngere Kind ist oft noch ungeübt und ungeschickt im Umgang mit Objekten, deshalb steht das handgreiflich-motorische Spiel im Vordergrund. Spezifisch musikalische Ziele spielen zunächst keine Rolle.

Spielerfahrungen mit Objekten

- taktile Erfahrungen (berühren, tasten, greifen, fassen, halten)
- motorische Erfahrungen (sich bewegen, tanzen, balancieren)
- gesteigerte Wahrnehmung (sehen, hören, riechen, unterscheiden von laut und leise, schwer und leicht, hart und weich, groß und klein)
- Koordination von Musik und Bewegung
- Kontakt zu Partner, Gruppe und Raum
- Symbole für Rollenspiele (z.B. ist ein Reifen ein Mauseloch, ein Vogelnest, ein Auto usw.)

Auswahl der Spielmaterialien – methodische und didaktische Hinweise

- Tücher, Bälle, Reifen für großmotorische Bewegungen
- Murmeln, Japanbälle, Säckchen, Federn, Nüsse, Blätter, Muscheln für kleinmotorische Bewegungen
- Luftballons, Papierservietten, Wattebälle zur Atemsteuerung
- Legematerial, Seile, Naturmaterialien, Malmaterial zur Anregung von Phantasie und Formverständnis.

Der Lehrer wählt das Spielmaterial für jede Stunde sorgfältig aus. Die Phantasie des Kindes verwandelt die Objekte. Äußerliche Eigenschaften wie Farbe, Form, Größe, Oberfläche, Geruch, Gewicht, Klang- und Geräuschqualität sind wichtige handgreifliche Erfahrungen, verlangen Reaktionen auf bestimmte Reize. Mit jedem Material könne ganz unterschiedliche Ziele angestrebt werden, Konzentration oder Aktion, Selbsterfahrung oder Sozialverhalten, Bewegungssteuerung und Bewegungsdifferenzierung. Das Erfinden neuer Spielideen eröffnet dem Kind eine ganze Welt – geistige Beweglichkeit, Anpassung und Aneignung. Dabei werden kreative Kräfte freigesetzt.

Erst wenn das Kind viele unterschiedliche Spielmöglichkeiten mit „außermusikalischen" Objekten probiert hat, ist es fähig, musikalische Phänomene wie Lautstärke, Tempo, Schwerpunkt, Rhythmus, Melodie- und Formverlauf zu erkennen.

Malspiele

Malspuren sind für ein Kind Bewegungsspuren, sie entstehen als ganzheitliche Aktion aus der Spielbewegung. Der Stift „tanzt" auf dem Papier. In der kindlichen Phantasie gibt es keine Grenzen:

Kritzeln bedeutet:
Haus
Berg
Gartenzaun
Welle

Weg
Fluss
Feuer
Raupe
Krokodil ...

ein Kreis bedeutet:
Sonne
Gesicht
Nest
Blume

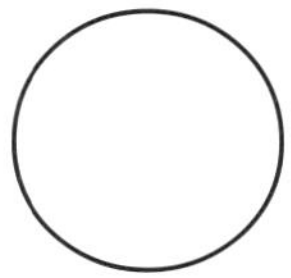

Mauseloch
Ball
Reifen
Trommel
Lampe ...

Wenn das Kind zur Musik malt, übertragen sich Tempo und Dynamik unmittelbar auf die Malbewegung. Dabei vernetzen sich die motorischen Abläufe mit den akustischen und den optischen. Die sinnliche Wahrnehmung wird gesteigert, die Welt „begreifbar".

Verhalten der Kinder

Die Kinder brauchen Rituale im Stundenablauf, wie z.B. das Anfangs- und Schlusslied. Sie lieben die Wiederholung, weil sie ihnen Sicherheit gibt.

Sie machen alles gerne, bei dem sie wissen, was und wie es zu tun ist, um zu zeigen, dass sie auch schon etwas können. Die aufmunternde Unterstützung durch das Mittun der Erwachsenen bestätigt die Kleinen und stärkt ihr Selbstvertrauen. Daraus entspringt dann der Mut, auch Neues auszuprobieren und den kleinen Bereich auf dem Schoß der Eltern in den ganzen Raum zu erweitem.

Bei kleinen Kindern sind die Ruhe- und Bewegungsphasen noch sehr kurz und von ihrer Tagesform abhängig. Ein sensibles Erspüren durch die Lehrer und Eltern leitet die Kinder von einer Phase in die nächste. Individuelle Pausen und Rückzugsphasen aus dem Spielgeschehen sind legitim und erhalten die Freude am aktiven Mitmachen.

Grundbedürfnisse wie Hunger und Durst sind in der Musikstunde kein Thema. Diese Spielregel müssen die Kinder erst lernen. Diese Bedürfnisse sollten schon vor Unterrichtsbeginn gestillt sein und die Erwachsenen sollten eine konsequente Haltung in diesem Punkt einnehmen, denn mit vollem Mund singt es sich schlecht.

Die erwachsene Bezugsperson ist wichtigstes Vorbild und alles wird imitiert. Erst im Fortschreiten des Unterrichts werden auch der Lehrer, die anderen Kinder und Eltern in den Aufmerksamkeitsbereich mit einbezogen und treten dann immer mehr in den Vordergrund. Freundschaften entstehen und Vorlieben zu anderen Eltern werden deutlich, z.B. beim Anfassen im Kreis. Hier besteht ein großer Unterschied zwischen 18 Monate alten und zweieinhalb- bis dreijährigen Kindern, die schon ihren eigenen Willen dem der Eltern entgegen setzen und ihre Trotzphasen durchleben.

Beim Spiel mit Instrumenten und Materialien fällt es den Kindem noch schwer, zu warten bis sie an der Reihe sind beim Verteilen oder Vorspielen und Abgeben. Ihre Instrumente oder Materialien mit anderen zu tauschen oder wieder zurückzugeben an den Lehrer, ist am Anfang noch ein großes Problem und muss in kleinen vorsichtigen Schritten erlernt werden. Alle Instrumente und Materialien sollten daher in ausreichender Stückzahl vorhanden sein.

Musik wird am ehesten in Verbindung mit Bewegung erfahren und durch den Körperkontakt zur Bezugsperson genussvoll erlebt und unterstützt. Spiele, die den Gleichgewichtssinn fördern und durch den Körperkontakt zu den Eltern abgesichert werden, z.B. Kniereiter und Schaukelspiele, machen den Kindem sehr viel Spaß und schaffen Möglichkeiten der Raumerfahrung, die die Kinder alleine nicht hätten. Ohne Bewegung existiert kein Ton. Diese Erfahrung machen die Kinder mit Rassel- und Schelleninstrumenten an erster Stelle. Sie spielen anfangs mit dem ganzen Körper und der ganzen Hand oder besser noch mit beiden Händen und entwickeln erst mit der Zeit die Fähigkeit, beide Hände einzeln und losgelöst von einer Aktion des ganzen Körpers zu verwenden. Die Bewegung ist meistens aus dem Körperzentrum gesteuert und wandert erst mit fortschreitendem Alter in die Peripherie der Gliedmaßen. Isolierte Bewegungen sind erst gegen Ende des Eltern-Kind-Unterrichtes und noch sehr eingeschränkt möglich.

Im Metrum zu spielen und sich zu bewegen, ist den meisten Kindern noch nicht möglich. Trotzdem erfahren sie das sich Einschwingen der Eltern als sehr angenehm und spüren auch den Rhythmus als tragendes Element in der Gruppe. Das Rein- und Rausfallen aus dem Puls wird als Spaß erlebt.

Die Kinder reagieren noch nicht auf eine gruppenbezogene Ansprache wie: „Wir machen jetzt...". Sie brauchen die ganz persönliche Anrede mit ihrem Namen und teilweise auch eine Berührung als Impuls zum Mitmachen. Der Blickkontakt vom Nahegelegenen zum weiter Entfernten verschärft sich zunehmend mit den gesammelten räumlichen Erfahrungen. Dabei unterstützen Geräusche und Klänge, die mit weiter entfernt stattfindenden Aktionen verknüpft werden, die Wahrnehmung und wecken die Aufmerksamkeit und Neugier der Kinder.

Zielgerichtete Bewegungen werden erst mit der Zeit möglich und immer sicherer. Grundbewegungsarten wie Laufen oder Gehen zur Musik werden differenzierter, wenn sie mit entsprechenden Bildern verknüpft werden können. Diese müssen die Kinder aber erst einmal erfahren und verstanden haben, z.B. Gehen auf Zehenspitzen oder stampfen wie ein Elefant oder schleichen wie eine Katze. Die kindliche Vorstellungswelt entwickelt sich in einem rasanten Tempo. Eltern und Lehrer profitieren hier von fortlaufendem Informationsaustausch.

Musikhören zu Hause

Umgang mit den Medien

Kinder sind umgeben von Musik verschiedenster Art. Es lohnt sich, darauf zu achten, wieviel und aus welchen Quellen Klänge, Klangfetzen und musikalische Spots auf die empfindlichen und prägbaren Kinderohren eindringen. Nicht alles, was da aus den Lautsprechern tönt, ist musikalisch wertvoll.

Für die Entwicklung von Musikalität und Gehör sind die ersten Lebensjahre entscheidend, für den Umgang und die lebenslängliche Freude an der Musik werden schon sehr früh die Weichen gestellt. In dieser Zeit entscheidet sich, ob das Interesse an der klingenden Umwelt, mit dem die Kinder auf die Welt kommen, erhalten werden kann oder schon frühzeitig einem unbewussten Vorbeihören zum Opfer fällt.

Der Klangkulisse in unserem Alltag kann man kaum entgehen. Aber im eigenen Umfeld hat jeder die Möglichkeit, die Musik auszuwählen und den Musikkonsum, den eigenen und den der Kinder, zu steuern.

Dazu ein paar Vorschläge:

- Das Vorbild der Eltern zählt. Ihr Umgang mit Musik wirkt beispielhaft und wird von den Kindern imitiert.
- Eine Dauerberieselung aus dem Küchen- oder Autoradio und der automatische Griff zum Playknopf verhindert bewusstes Zuhören. Deshalb sollte Musik nur eingeschaltet werden, wenn auch zugehört werden kann.
- Schön ist es, Musik mit den Kindern gemeinsam anzuhören und mit ihnen darüber zu sprechen.
- Die Phasen aufmerksamen Zuhörens sind bei Kindern noch sehr kurz, deshalb ist es sinnvoll, kurze Stücke auszuwählen, oder längere in Ausschnitten zu hören, denen die Kinder bis zum Ende gerne ihre Aufmerksamkeit schenken.
- Um die empfindlichen Ohren zu schonen, muss die Lautstärke gedrosselt werden.
- Welche Musik auch immer den Kindern präsentiert wird, eine gute Qualität der Komposition, der Interpretation und der Tontechnik ist wichtig.

- Weniger ist mehr. Wenige gute Musik öfter zu hören empfiehlt sich eher als ein ständiger Wechsel.
- Nicht alles, was auf dem Markt für Kinder angeboten wird, ist auch wirklich geeignet für Kinder. Bei Kinderliedersammlungen auf Tonträgern, Geschichtenkassetten und bei Kindersendungen im Fernsehen sollte man sehr sorgfältig auswählen. Für Kinder ist es viel interessanter, „live"-Musik zu erleben als reproduzierte Musik aus der Maschine.
- Musizierende Eltern, Großeltern und Geschwister begeistern die Kinder und vermitteln ihnen musikalische Grundkenntnisse. Selber zu musizieren und selber zu singen ist in der Regel besser als technisch vermittelte Musik, selbst wenn es nicht immer so perfekt gelingt. Das tägliche Gutenachtlied ist das Allermindeste.
- Das Glück, „live"-Musik zu erleben, die Kapelle beim Martinszug, das Blockflötenspiel der älteren Geschwister, die Schulband des großen Bruders, die Orgel in der Kirche, die Hausmusik der Eltern ist für die Kleinsten überwältigend. Auch eine perfekte Stereoanlage kann das nicht ersetzen.

Es ist nicht immer leicht, die richtige Wahl zu treffen aus dem Überangebot von Kinder-CDs, Kindersendungen und Liedersammlungen gute Qualität zu entdecken. Folgende Kriterien sollte man bei der Wahl beachten:

- Sind die Geschichten, Texte und Musik für das jeweilige Alter der Kinder verständlich?
- Passen Musik und Text stilistisch zusammen?
- Kann man hören, mit welchen Instrumenten die Musik gespielt wird?
- Sind die musikalischen Strukturen einfach und übersichtlich?
- Sind die Singstimmen gut geführt, können Kinder in ihrer Stimmlage vielleicht sogar mitsingen?
- Wie sind die Bücher und Begleithefte gestaltet?
- Sind die vollständigen Liedtexte und die Noten abgedruckt?

Im Zweifelsfall können Musiklehrer raten und empfehlen. Hilfe bietet auch der Verband deutscher Musikschulen, der mit dem Medienpreis „Leopold" besonders gute, geeignete Musikproduktionen auswählt. „Gute Musik für Kinder", Leopold, zu beziehen beim Verband deutscher Musikschulen e.V.

Wie gehts weiter?

Zu Kursen wie Zwergenmusik kommen Sie mit Ihren anderthalb- bis dreijährigen Kindern. Dort haben Sie Ihren wöchentlichen Treffpunkt mit Eltern gleichaltriger Kinder, lernen Lieder und Spiele, üben sich in kleinen Tänzen und haben jedenfalls eine Menge Spaß. Viele brachliegende und verschüttete, vergessene und verdrängte Kenntnisse und Fähigkeiten werden aufgefrischt oder wiederbelebt. Sie lernen alles kennen, was Sie für zu Hause in der Familie brauchen, um Ihren Kleinen ein *Wachsen mit Musik* zu ermöglichen. Der Besuch eines solchen Kurses, der ein halbes bis zwei Jahre dauern kann, wird immer interessant sein und Ihnen Neues bieten. Ihrem Kind schafft er die Grundlage, sich ein Leben lang angemessen mit Musik zu beschäftigen und persönlichen Gewinn daraus zu ziehen.

Je nach Dauer des Kurses können die inzwischen vierjährigen Kinder abschließend die reguläre Musikalische Früherziehung besuchen, oder – wenn sie noch zu jung sind – einen der an vielen Musikschulen bereits angebotenen Rhythmikkurse, die zur Musikalischen Früherziehung hinführen. In der Musikalischen Früherziehung werden die Kinder nun spezifischer und differenzierter an die Musik herangeführt, jetzt ohne die Begleitung der Eltern im Unterricht. Hier finden die Kinder einen altersangemessenen und noch spielerischer Zugang zu einer Vielzahl von Musikstilen, der oft richtungsweisend für ihr späteres musikalisches Leben sein kann. Wahrscheinlich lernen sie hier auch schon ihr Lieblingsinstrument kennen und haben weiterhin Spaß beim innerlichen und äußerlichen Größerwerden mit Musik. Nach dem Besuch der Musikalischen Früherziehung steht den Kindern nun das ganze Angebot der Musikschule mit Instrumentalunterricht, Grundausbildung, Kinderchor, Orchester Kunterbunt und vieles mehr offen. Schauen Sie sich doch einfach mal an Ihrer Musikschule um und fragen Ihren Musiklehrer.

Wenn Sie dann neugierig geworden sind und es bedauern, nicht mehr mit Ihren Kindern in den Unterricht gehen zu können, weil Ihnen die Lieder und Spiele selbst so viel Spaß gemacht haben, überlegen Sie ja vielleicht für sich selbst, in Zukunft (wieder) mehr Musik zu pflegen. Auch für Erwachsene gibt es zahlreiche Angebote an allgemeiner Musiklehre, Gruppen- oder Einzelunterricht oder an diversen Ensembles, entweder direkt an der Musikschule oder an anderen Bildungseinrichtungen an Ihrem Wohnort. Lassen Sie sich dann nicht entmutigen, wenn vielleicht genau Ihr Wunschinstrument (noch) nicht für „Große“ in den Programmen erscheint. Auch die Bildungssituation vor Ort hat viel zu tun mit Angebot und Nachfrage.

In Ihrer künstlerischen, sprachlichen und sozialen Kompetenz, in Ihrem Empfinden der Selbstverwirklichung und Ihrem persönlichen Ausdruck können auch Volljährige *Wachsen mit Musik.*

Inhaltsverzeichnis des Materialteils

Lieder und Tänze

Begrüßung und Abschied

Jahreszeitliche Lieder

Spiel- und Bewegungslieder

Wiegenlieder

Verse

Spielverse

Kniereiter

Fingerspiele

Leopold

Als Beispiele für mit dem „Leopold" (s.S. 65) ausgezeichnete Veröffentlichungen seien folgende drei genannt:

Prof. Jecks Tierlieder ABC, Martin Geck, Europa/BMG 1999
Fingerspielen – Händetanzen, Dorothée Kreusch-Jacob, Patmos 1997
Sternenstaub (Märchen mit Musik), Ute Kleeberg, Edition See-Igel, 1995

Literaturliste für den Musikunterricht mit Eltern und Kindern

Liedmaterial

Si-, Sa-, Singemaus, *Detlef Jöcker*, Menschenkinder, Münster, 1996
Willkommen, lieber Tag, *Richard Rudolf Klein*, Diesterweg, 1975, Band I und II
Zirkus Zottelbär, *Gerda Bächli*, Pan, Zürich
Der Tausendfüßler, *Gerda Bächli*, Pan, Zürich
Tanzlieder, *Dorothée Kreusch-Jacob*, Ravensburger, 1990
70 Kinderlieder, *Pierre van Hauwe,* Selbstverlag
Weihnachten im Kindergarten, *L. Krenzer/I. Lotz,* Verlag Ernst Kaufmann
Die Sonnenblume (Die Zugabe 4), *Heinz Lemmermann,* Fidula

Bewegungsspiele mit und ohne Material

Lauter tolle Sachen, die Kinder gerne machen, *Ursula Bauff,* Falken
Der Elefant im Regenbogen, *Ingrid Engel*, Gustav Bosse, Kassel, 1996
Das Musikbuch für Kinder, *Dorothée Kreusch-Jacob*, Ravensburger, 1992
Die fröhliche Hüpfkiste, *Birgit Kaltenmorgen*, Menschenkinder, Münster, 1997
Sing-, Kreis-, Finger- und Bewegungsspiele, *Christa Konietzko*, Edition Schindele, Heidelberg, 1990
Babyspiele - Kinderspiele, *Karin Mönkemeyer*, Scriptor, 1989
Rhythmik für alle Sinne, *Susanne Peter-Führe*, Herder
Alte Kreisspiele, *Gisela Trautwein*, Herder
Quacki - der kleine freche Frosch, *Elisabeth Wagner*, Don Bosco, München, 1991
Das Jahreszeitenbuch, Freies Geistesleben

Bilderbücher

Swimmy, *Leo Lionni*, Middelhauve
Frederik, *Leo Lionni*, Middelhauve
Seine eigene Farbe, *Leo Lionni*, Middelhauve
Tillie und die Mauer, *Leo Lionni*, Middelhauve
Kleine Raupe Nimmersatt, *Eric Carle*, dtv junior, München, 1996
Der Regenbogenfisch, *Marcus Pfister*, Nord-Süd, Zürich, 1996
Henne Berta, *Elisabeth Zink-Pingel*, Kleine Ravensburger Nr. 23
Der Maulwurf Grabowski, *Luis Murschetz*, Diogenes, kinder-detebe 10
Der Hühnerhof, *Fredrik Vahle/Helme Heine*, Middelhauve
Die Farben, *Fredrik Vahle/Helme Heine*, Middelhauve
Vom Riesen Timpetu, *Alwin Freudenberg/Gertrud Zucker*, Der Kinderbuchverlag Berlin, 1977
Fridolin und der kleine Spatz, *Reiner Putzger/Klaus Vonderwerth*, Verlag für Lehrmittel Pössneck
Heute um neune, hinter der Scheune, *Janosch*, Parabel München, 1965
Achtundzwanzig Lachgeschichten, *Ursula Wölfel*, Hoch, erhältlich bei Thienemann
Pony, *Gina Ruck-Pauquet/Sigrid Heuck*, Atlantis, 1961

Fingerspiele

Lirum Larum Fingerspiel, *Cornelia Nitsch*, Mosaik, München,1994
Fingerspiele und andere Kinkerlitzchen, *Raimund Pousset*, rororo
Das ist der Daumen Knuddeldick, *Marga Arndt*, Ravensburger
Meine kleinen Zappelfinger, *Eva Aichert/Sybille Brauer*, Pattloch
Kinder lernen sprechen, *Gerda Pighin/Margit Sillaber*, Pattloch

Verse

rissel rässel rüssel, *Dietmar Rost,* GTB, Gütersloh, 1976
Was denkt die Maus am Donnerstag, *Josef Guggenmos*, Georg Bitter Verlag, Recklinghausen 1967, vergriffen, aber erhältlich bei Beltz, 1998 oder dtv 1971
Allerleirauh, Nord-Süd, 1997

Entwicklungspsychologie/Pädagogik

Die musikalische Entwicklung des Kindes, *Henny Hammershoj*, Beltz, Weinheim, 1995
Praktische Kinderpsychologie, *R. Kohnstamm*, Bern, Huber, 1992
Elementare Musikpädagogik, *Juliane Ribke*, ConBrio, Regensburg, 1995

Die Autorinnen

Daniela Amann Ausbildung zur Erzieherin. Berufsbegleitende Fortbildung für Rhythmik an der Bundesakademie in Trossingen, Rhythmik-Zusatzstudium an der Musikhochschule Stuttgart. Lehrerin an der Stuttgarter Musikschule für MFE und Eltern-Kind-Rhythmik. Zusatzausbildung für Tanzpädagogik an der Bundesakademie Remscheid.

Ingrid Engel Rhythmikstudium, Tanzausbildung. Fachbereichsleiterin der Musikalischen Grundstufe an der Stuttgarter Musikschule, Zusammenarbeit mit dem Museumspädagogischen Dienst der Stadt Stuttgart, Honorarprofessorin für Elementare Musikpädagogik an der Hochschule für Musik „Hanns Eisler" Berlin, Gastlehrtätigkeit im In- und Ausland. Zahlreiche Veröffentlichungen zur Musik- und Tanzpädagogik, unterrichtet MFE, MGA, Rhythmik und Tanz.

Anette Maniscalco Wirtschaftsabitur, Ausbildung zur Erzieherin an der Fachschule für Sozialpädagogik Nagold, bis 1993 beschäftigt als Erzieherin im Kindergarten, seit 1996 angestellt bei der Musikschule Calw; Leiterin von zahlreichen Gruppen „Musik für Eltern und Kind", verheiratet, eine Tochter.

Susanne Röthke Diplomrhythmikerin, tätig als Fachbereichsleiterin der Grundstufe am Badischen Konservatorium Karlsruhe. 1983 Abschluss des Rhythmikstudiums und 1985 Abschluss des Aufbaustudiums AME jeweils an der Nordwestdeutschen Musikakademie Detmold, unterrichtet Rhythmik, MFE, MGA, Singkreise, Blockflöte, Klavier.

Karina Telle Violindiplom, Promotion Musikwissenschaft in Heidelberg, langjährige Unterrichtstätigkeit in den Fächern Violine, Viola, Kammermusik, Aufbau und Leitung von Kinder- und Jugendorchestern und (fachfremd) MFE; Direktorin der Musikschule Neckargemünd, seit 1990 Direktorin der Stuttgarter Musikschule.